LA PIEUSE INSTITUTRICE

NOTICE BIOGRAPHIQUE

SUR LA SŒUR
MARIE SAINT-FRANÇOIS DE SALES
Née Bathilde DONAT
RELIGIEUSE DE N.-D. DE LA COMPASSION.

> On ne perd jamais ceux qu'on aime
> en Celui qu'on ne peut perdre.
> (Saint Augustin.)

PARIS — TOULOUSE
Chez LESSAYRE, ... Sulpice. — Chez ÉDOUARD PRIVAT, rue des Tourneurs, 45.

1892

LA

PIEUSE INSTITUTRICE

LA
PIEUSE INSTITUTRICE

NOTICE BIOGRAPHIQUE

SUR LA SŒUR

MARIE SAINT-FRANÇOIS DE SALES

Née Bathilde DONAT

RELIGIEUSE DE N.-D. DE LA COMPASSION.

> On ne perd jamais ceux qu'on aime
> en Celui qu'on ne peut perdre.
> (SAINT AUGUSTIN.)

PARIS	TOULOUSE
Chez J. RESSAYRE,	Chez ÉDOUARD PRIVAT,
22, rue Saint-Sulpice.	rue des Tourneurs, 45.

1892

TABLE DES MATIÈRES

Chap. Ier. — Naissance et première enfance.....	5
Chap. II. — Entrée au pensionnat............	10
Chap. III. — L'institution Sainte-Angèle........	17
Chap. IV. — L'Institutrice.................	23
Chap. V. — Séjour à Merville...............	37
Chap. VI. — La vie religieuse...............	41
Chap. VII. — La sainte mort................	52
L'Institut de N.-D. de la Compassion...........	61

Toulouse. — Imprimerie Hébrail et Delpuech.

CHAPITRE PREMIER

Naissance. — Première enfance.

Ma vie, c'est le Christ.

Le 6 septembre 1847, une honorable et chrétienne famille de Toulouse se réjouissait de la naissance d'une fille ; c'était la quatrième que le ciel lui accordait. M. Jean-François Donat et Mme Joséphine Bétélhe, en parents pleins de foi, crurent voir un signe de prédilection de Marie dans l'heureuse coïncidence qui leur permettait de fêter presque en même temps et la naissance de la Vierge Immaculée et celle de leur enfant. Ils ne se trompaient point : c'est peut-être dans le rapprochement de ces deux berceaux qu'il faut chercher la raison de la dévotion si tendre envers la sainte Vierge qui devait se développer comme instinctivement dans ce jeune cœur.

Le jour même de sa naissance, l'enfant fut baptisée et reçut le nom de Bathilde.

Que pouvons-nous dire de sa première enfance ? A cet âge plein de grâce, l'âme, inconsciente de ses mouvements, est parée d'une innocence sans mérite, mais non sans beauté ; et Dieu permet quelquefois qu'une pieuse mère ait un pressentiment, un signe de ce que sera plus tard son enfant, comme on devine aux premières clartés de l'aurore l'éclat d'un beau jour.

Dans une de ces heures de tristesse, telles que la vie en offre si souvent, Mme Donat, ayant sur ses genoux sa petite Bathilde âgée de quelques mois, et à ses côtés sa fille aînée, se laissait aller à un moment d'épanchement qui soulageait son cœur oppressé. En femme forte et chrétienne, elle prit occasion de sa propre douleur pour peindre à sa fille le vide du monde, le néant de tout ce qui est créé ; et pour l'exhorter à n'aimer que Dieu : « Ah ! si du moins, lui dit-elle, le vœu de ta mère était exaucé, tu serais un jour tout entière à Jésus ! » Ce désir, le Seigneur devait le réaliser. Puis, se tournant vers l'innocente créature, qui ne savait encore que sourire à sa mère, elle lui dit : « Et toi aussi, ma fille, puisses-tu vouer à Dieu un cœur dont le monde n'ait jamais la moindre part ! » L'enfant balbutia une parole inintelligible et leva sur sa mère un regard qui parut une approbation. Quoi qu'il en soit, cette parole sur des lèvres impuissantes à articuler aucun son et ce regard firent tressaillir deux cœurs. La mère et la fille aînée, un moment muettes d'étonnement, se demandèrent enfin : « Est-ce une réponse du bon Dieu ? Notre Bathilde sera-t-elle un jour religieuse ? »

Sans vouloir prêter à ce fait un caractère merveilleux, nous nous bornons à le signaler pour la consolation de l'amitié, car rien n'est petit pour le cœur qui aime.

Dès que Bathilde sut prononcer quelques mots, le nom de Marie revint souvent sur ses lèvres ; elle souriait devant chaque image de la sainte Vierge, lui envoyait de naïfs baisers, et sa dévotion envers la Reine du ciel devenant toujours plus tendre, on la vit, dans ses jeunes années, courir souvent vers la statue de sa Mère chérie ; là, avec la candeur de son âge, elle lui racontait tout, et ses joies et ses petits chagrins ; dès qu'elle se voyait parée d'un vêtement neuf ou tout propre, elle allait le montrer à la sainte Vierge, étalant sa petite robe ou son tablier blanc et croyant voir Marie sourire à sa joie enfantine. Parfois, comme elle l'a écrit elle-même dans un recueil de pieuses méditations, parfois elle lui disait : « Mère, douce Mère, baisez-moi au front ; » et, se penchant pour recevoir le baiser maternel, il lui semblait que les lèvres virginales de Marie effleuraient son visage. Quand elle sut écrire, elle ne s'en tint pas à ces démonstrations ; chaque samedi, elle faisait une lettre pour sa bonne Mère du ciel et la déposait sous une de ses statues.

Et cependant tout n'était pas attrait pour le bien dans cette jeune âme. Ecoutons-la parler elle-même. De pieux manuscrits, dans lesquels elle s'était épanchée et avait retracé les souvenirs de sa vie, sont parvenus jusqu'à nous. C'est dans cette source précieuse et authentique que nous irons puiser les détails les plus intimes. Voici donc ce qu'elle écrit au sujet de son enfance :

« Quoique faible et petite enfant, il s'éleva aussitôt dans mon être un de ces combats acharnés, une de ces luttes intestines où mes passions mauvaises semblaient avoir le dessus. Sous l'égide d'une mère vigilante et tendre, la Religion qui, dès le berceau, avait baisé mon front, suivit mes pas chancelants et guida ma marche incertaine vers le sentier du bien.

« Le Gardien céleste que le divin Maître envoie à chaque homme ici-bas, semblait m'avertir parfois de son amour et de son dévouement, et dans mes rêves tout naïfs, dans mes rêves *bleus* et *roses*, je voyais cet ami, je lui parlais, je lui donnais les premières tendresses de mon cœur. Mais le céleste Pilote devait bien craindre pour ma faible nacelle, car la tempête grondait au fond de ma jeune âme... Mon organisation extrêmement passionnée, ma nature sensible et impressionnable m'auraient conduite aux dernières limites du mal, si une puissance invisible, protectrice, n'avait lutté avec force pour briser ces mauvais germes et rendre à la fleur son éclat et sa beauté. »

Avec la raison, la lutte commença donc dans cette âme, et toute sa vie sera une arène dans laquelle elle détruira tour à tour ses ennemis et immolera généreusement ses affections les plus chères.

Ce caractère essentiellement militant de tout vrai chrétien, nous le perdons trop facilement de vue dans la vie des Saints. Ils nous apparaissent comme des héros dégagés des faiblesses humaines et, partant, notre lâcheté se retranche dans l'impuissance de les imiter. Mais leurs combats de tous les jours, mais leurs défauts sans cesse refoulés, les retraçons-nous à notre esprit pour y puiser l'énergie de nous vaincre ?

Nul doute qu'un des plus efficaces moyens employés par la jeune Bathilde pour repousser les traits de l'ennemi ne fût cette dévotion à la sainte Vierge que nous lui connaissons déjà. La force mystérieuse dont elle parle était assurément la protection de Celle que nous aimons à nommer la Tour de David et que l'Ecriture nous montre terrible comme une armée rangée en bataille : *terribilis ut castrorum acies ordinata.*

Une autre égide la couvrait : l'amour d'une mère chrétienne. Rien ici-bas ne remplace la douce et forte éducation du foyer. Il y a dans le regard et dans la parole de cet ange visible que nous nommons notre mère, quelque chose de si pénétrant, de si suave et de si saint ; il y a dans cet épanchement de son âme en celle de son enfant une puissance tellement sacrée que tout l'avenir est en germe dans ces premières révélations de la vie morale et surnaturelle. Celui qui en aura été privé, pourra bien jeter des floraisons tardives; il sera toujours comme ces plantes à qui ont manqué, dès leur naissance, l'air et les rayons du soleil.

Notre jeune enfant puisa donc au sein de sa famille cette sève chrétienne qui devait produire plus tard de si beaux fruits, et quand vint l'heure de sa première communion, son âme, préparée dès longtemps à ce grand acte, se donna pleinement à Dieu.

« A l'heureuse époque de ma première communion, dit-elle, je me sentis entièrement transformée. La douce pensée de préparer mon cœur à la visite du grand Dieu, me remplissait tout entière, et lorsque ma jeune imagination de dix ans rêvait à ce beau jour, je n'étais plus moi-même : un suave délire s'emparait de mon être, je murmurais de tendres paroles, je suppliais mon Dieu de m'ôter l'existence si je devais commettre un sacrilège.

« Le grand jour arriva ! Quels furent mon trouble, ma joie, mes émotions, mes remords !... Je pleurais, je sanglotais... Je voulais mourir, car je me sentais indigne de m'approcher de Jésus... Et je ne l'étais que trop, hélas ! » ajoute-t-elle avec humilité.

« Ici commence pour moi une nouvelle existence, existence remplie de charmes, de douceurs, de pure félicité, mais non dépourvue d'amertume, car le bonheur parfait n'habite point sur la terre. »

CHAPITRE II

Entrée au Pensionnat.

Le premier sacrifice qui se présenta pour ce cœur si aimant fut la séparation de sa famille. M. et Mme Donat avaient donné à Dieu leur fille aînée qui était entrée au couvent de la Compassion de Toulouse. Après avoir fait ses vœux dans cette maison, Mlle Marie Donat avait été désignée par ses supérieurs pour aller exercer son zèle auprès des élèves du pensionnat de Rieux. Ses parents virent dans cette circonstance un motif déterminant de confier Bathilde aux soins des Religieuses de la

Compassion alors établies dans cette ville. Ce départ lui coûta beaucoup ; mais la peine en fut bien adoucie par le bonheur de retrouver sa sœur chérie dans une des institutrices que Dieu lui donnait. Dans cet asile béni, sa piété prit un élan nouveau.

« Là, au pied des autels, écrivait plus tard Bathilde, se passèrent bien des années. Dire les mystérieux prodiges qui s'opérèrent dans mon âme serait impossible. Je goûtais les douceurs de la maison de Dieu avec tout le feu d'une âme ardente ; je m'attachais à Jésus avec toute la ferveur de mon amour. Cette solitude, ce silence du cloître convenaient à mon cœur. Les grandes opérations de l'âme ont presque toujours lieu dans le recueillement, lorsque aucune créature ne vient troubler nos facultés intérieures. »

Bathilde était heureuse dans ce pensionnat où tout élevait son âme vers Dieu. Sa docilité aux conseils de ses maîtresses, sa constante émulation, son ardeur pour l'étude ne tardèrent pas à la distinguer entre ses compagnes et à promettre pour l'avenir de solides résultats. Si la religion n'avait de bonne heure façonné cette âme, quelles craintes n'auraient pas dû pourtant se mêler à de si douces espérances ! Intelligence élevée, imagination vive, mais avec des tendances à la rêverie et à la mélancolie, sensibilité excessive, tendresse et ardeur réunies, caractère expansif, mais digne et fier, tels étaient les dangers et les ressources de cette riche nature toute de feu et qui ne savait jamais se donner à demi. Elle était taillée pour se lancer sans frein dans le monde ou pour se dévouer sans réserve à une vie d'abnégation et de sacrifice. Heureusement pour son âme, Dieu fut le premier objet de ses affections, le seul qui sût la charmer assez puissamment pour subjuguer son cœur, et, malgré l'entraînement qui devait la porter vers les créatures, les douces et grandes figures de Jésus et de Marie, loin de s'effacer dans l'esprit de la jeune fille, y grandirent, au contraire, avec les années et inspirèrent à sa vertu un caractère plus fort et plus généreux.

Nos jours les plus beaux ne sont pas sans nuages, et des croix sont dressées à toutes les stations de notre chemin. Il fallait donc que la jeune pensionnaire trouvât la sienne même dans son cher couvent. Une de ses maîtresses, dont les vertus et les qualités naturelles la charmaient, devint l'objet de son affection. En religieuse pleine de piété, guidée d'ailleurs par sa haute raison, la judicieuse maîtresse ne répondait qu'assez froidement à une tendresse dont elle redoutait l'enthousiasme ; de là pour son élève un véritable chagrin qu'elle n'osait confier à personne. Il était cependant bien léger, si on le compare aux autres souffrances morales par lesquelles il plut à Dieu de faire passer cette âme dans un âge où tant d'autres ne voient encore la vie qu'à travers un prisme enchanteur.

« Mon divin Maître, dit-elle en parlant de cette époque de sa vie, mon divin Maître semblait m'abandonner. Je fus assaillie de tentations de tout genre. Le découragement rendait encore plus pénible cette désespérante situation... Mon cruel ennemi augmentait de force et offrait à mon esprit les pensées les plus noires, les plus hideuses, et, comme si je ne devais recevoir aucune consolation, Dieu lui-même avec ses douceurs s'était enfui de mon âme. Je n'avais plus de foi, je ne croyais à rien de céleste et j'aimais toujours. Cet état me faisait mourir. C'est en vain que je cherchais de la distraction ; je n'en trouvais ni le jour au milieu de mes occupations, ni la nuit pendant mon pénible sommeil...

« Dieu m'affligea encore par de nombreux troubles de conscience, par de cruels et d'importuns scrupules qu'aucune raison, aucune étude ne pouvaient calmer. Et j'étais seule à souffrir, mon Dieu !... Oui, j'étais seule au milieu de cette mer en furie...

« Dans mes angoisses, l'amour inexprimable que j'avais voué à ma bonne Mère des cieux, me consolait et me ranimait. Cet amour s'était épanoui dans mon cœur d'une manière aussi suave que mystérieuse. Ce sentiment est un de ceux qui émeuvent doucement, et pour lesquels l'expression humaine reste impuissante. Dire combien j'aimais Marie, serait impossible. Son culte s'harmonisait si bien à mes goûts, à mon cœur ! Le culte de Marie n'est-il pas, en effet, un culte d'amour et d'espérance ? Quoi de plus doux que la pensée d'une Mère au ciel ! O Marie ! ma tendre Mère, quel privilège de vous aimer ! Il est dans le cœur de l'humanité souffrante et déchue un vide que vous seule pouvez combler, une suprême tristesse que vous seule pouvez consoler. N'êtes-vous pas mon ombrage contre les feux du jour ? Ne serez-vous pas mon repos après la fatigue ? O bonne, ô puissante Mère des chrétiens, jetez un regard d'amour sur votre pauvre enfant qui vous aime avec tant d'ardeur.

« ... Mais je me perds dans cette pieuse rêverie. Il est si doux pour moi, lorsque je plonge mes regards en arrière, de rencontrer au milieu de si tristes tableaux la douce et ravissante image de ma Mère bien-aimée.

« Cette dévotion toute particulière que j'avais pour Marie me portait à un saint et ardent enthousiasme pour la vertu et dévoilait à mon cœur de bien généreux secrets, qu'il avait ignorés jusqu'alors... Je l'aimais, je voulais l'imiter, je me passionnais pour ce qu'elle aimait. Je voulais souffrir, je voulais me sacrifier à l'amour de son Jésus, enfin je voulais me donner toute à Lui dans la vie religieuse. La perspective du monde effrayait ma jeune expérience, et, dans les ardeurs de mon imagination de seize ans, je promettais à mon Jésus de me dévouer à Lui, de souffrir, de mourir pour Lui. La pensée de la virginité faisait mes plus chères délices, et souvent je me prenais à pleurer en songeant aux entraves que je rencontrerais pour suivre ma vocation. »

Ne croirait-on pas entendre les élans embrasés avec lesquels les Thérèse et les Agnès aspiraient au bonheur de s'immoler pour l'Époux divin de leur âme ? Comme ces jeunes vierges, en effet, Bathilde avait entrevu quelque chose de la divine beauté du Christ, et son cœur, dédaignant tout ce qui est créé, avait dit : « A Jésus seul j'appartiendrai sans retour ! »

Laissons-la encore parler elle-même, car rien ne peint mieux une âme que ses propres paroles, et dans ce style, à la fois si poétique et si ardent, nous sentirons ces mille et mille nuances de délicatesse, de sensibilité, d'élévation qui ont façonné cette nature tout exprès pour la lutte et la douleur.

« Que de fois, aux pieds de notre gracieuse Madone, dans un ineffable épanchement, alors que seule dans la blanche chapelle aucun bruit étranger ne venait me troubler ; dans un calme profond, dans une sainte extase, mon âme semblait apercevoir la beauté de mon Bien-Aimé. Elle contemplait ce front toujours pur, toujours radieux ; elle voyait errer sur la bouche sacrée de Jésus ce sourire divin dont la bonté et la douceur ne peuvent être égalées ici-bas ; mon regard rencontrait le sien, et je rencontrais dans ce regard céleste des mystères de tendresse et d'amour dont aucune créature ne peut avoir le secret. O Maître ! s'écriait mon âme, à vous mon cœur, oui, pour toujours ! Mais je devais modérer mes ardeurs, car je comprenais que je n'étais pas libre de moi-même, que je devais m'abandonner à un être plus sage, plus fort que moi ; et il me manquait cet ami fidèle, compatissant et charitable. Je devais verser bien des larmes avant d'éprouver l'inappréciable consolation de rencontrer un de ces anges célestes dont la bonté et la douceur commandent une confiance absolue. Je fus encore seule pour supporter ces nouvelles perplexités ; mais Marie ne me faisait jamais défaut, sa tendresse veillait sur moi, je me sentais aimée par ma Mère. Que de fois n'ai-je pas été l'objet de ses prédilections maternelles !...

« Je semblais croître en vertu ; je devenais sérieuse et douce, moi qui avais été jusqu'alors si irascible. J'aimais la mortification, j'avais un grand attrait pour les pénitences corporelles, et je m'y livrais parfois avec une folle témérité. J'étais enfin comme un vaisseau sans gouvernail, abandonné aux hasards et aux inconstances de la mer — tantôt calme, tantôt en furie — fendant parfois ses vagues bouillonnantes sans secousses et sans périls, tantôt exposé aux fureurs d'une horrible tempête. Alors, comme saint Pierre, je m'écriais : « Seigneur, sauvez-moi ou je « péris ! » et le divin Maître venait aussitôt me sauver et me bénir...

« C'est dans cette alternative de joies et de tristesses que s'écoulèrent les cinq années de mon éducation au couvent. Une de mes sœurs ayant quitté le monde pour embrasser la vie religieuse dans l'ordre admirable des Sœurs de la Charité, maman ne put supporter le vide que cette sœur chérie laissait en nous quittant, et me rappela auprès d'elle pour calmer ses ennuis et soulager ses sollicitudes de mère et d'épouse.

« Ce n'est pas sans verser bien des larmes que je m'éloignai du saint asile, aussi mes adieux furent tristes, très tristes ! Mon cœur se brisait en embrassant une dernière fois mes maîtresses bien-aimées, en contemplant la belle et majestueuse statue du grand jardin, qui tant de fois avait souri à nos jeux ; en parcourant ces classes où je laissais d'aimables et bonnes compagnes, ces cloîtres que j'embellissais dans mon imagination des plus doux rêves ; enfin je semblais m'attacher à tout plus fortement, jusqu'au plus petit brin d'herbe, jusqu'à la moindre fleur ; tout réveillait en moi de tendres et de chers souvenirs, et avec notre mélodieux poète, je m'écriais dans l'amertume de mon âme :

> Objets inanimés, avez-vous donc une âme
> Qui s'attache à mon âme et la force d'aimer ?

« Il fallut m'arracher de cette pieuse retraite et commencer une nouvelle vie dans ma famille. Maman m'entourait des soins les plus assidus ; ma santé l'inquiétait : les secousses morales que j'avais éprouvées m'avaient ébranlée.

« On me procurait toutes sortes de distractions ; elles finirent par affaiblir mes généreuses résolutions et par amollir ma vertu. Je n'avais plus de goût pour la prière et la méditation. J'oubliais un peu mon Jésus, ma dévotion envers Marie n'avait plus les mêmes flammes et, j'ose à peine le dire, je commençais à aimer le monde. Encore dans cette périlleuse circonstance, il me manquait un guide ; mais Dieu ne m'abandonna pas tout à fait. »

CHAPITRE III

L'Institution Sainte-Angèle.

« J'avais dix-sept ans, continue-t-elle ; j'étais trop jeune pour embrasser aucune carrière ; je résolus de poursuivre mes études et de travailler à obtenir mon brevet d'institutrice. Je fus alors confiée à de dignes et respectables maîtresses de pension dont nous avions su apprécier les rares et éminentes qualités.

« Au milieu des enfants, je redevins enfant ; sous l'influence de cette atmosphère bienfaisante de piété et de dévouement, mon cœur, qui s'était fermé au contact du monde, put se dilater à son aise et reprendre sa vie d'affection, élément de mon existence, besoin incessant, irrésistible de tout mon être. »

Est-il nécessaire de dire que Bathilde fut chez ses nouvelles maîtresses ce qu'elle avait été à Rieux, un modèle d'application et de piété? Ses succès classiques répondirent à sa bonne conduite et furent le prélude de ceux qu'elle devait remporter plus tard dans les examens académiques.

Parmi les compagnes de son âge, il en était une qu'une sympathie réciproque ne tarda pas à rapprocher. Se voir, se comprendre et s'aimer ne fut pas long pour les deux jeunes filles (1). Faut-il s'étonner d'une telle attraction quand les âmes se sentent sœurs par bien des côtés? Elles se cherchent, souvent à leur insu ; une affinité mystérieuse les incline l'une vers l'autre en vertu d'une loi tracée par la Providence, et dont la raison est de donner un mutuel appui à la faiblesse humaine. L'ami fidèle est un trésor, a dit le Sage, et c'est, en effet, le don le plus précieux que Dieu puisse faire aux mortels. Mais l'excellence d'une chose touche de près à l'abus. Ce fut cette considération qui inspira à notre vertueuse élève tant de réserve dans son amitié.

---

(1) « Il s'établit entre nous, écrit-elle, d'intimes et de suaves communications. Dieu était le lien de notre amitié, la sainte Vierge le premier mobile de nos deux âmes qui semblaient n'en former qu'une par l'identité et la réciprocité des sentiments. »

Pour cette nature si aimante et si expansive, il eût été doux de témoigner son affection par des caresses ; mais déjà elle craignait de blesser par des démonstrations trop humaines la délicatesse de l'amour si pur qu'elle vouait à Dieu ; elle se refusait impitoyablement toute satisfaction de ce genre et, dans l'espace de deux ans, c'est à peine si, en trois ou quatre circonstances solennelles, les deux amies échangèrent un furtif baiser.

Ce qu'elle refusait à la nature, cette âme énergique et forte savait s'en prévaloir du côté de la grâce. Qui dira la ferveur de ses entretiens et les élans embrasés avec lesquels elle appelait la vie religieuse ! Jamais les frivolités de la terre n'eurent la moindre part dans ses conversations : elle n'aspirait, avant tout, qu'à grandir dans la vertu et à plaire à Jésus. Cet Époux divin des âmes pures avait pour elle d'ineffables attraits ; de là naissait le désir de lui garder, avec un soin jaloux, un cœur que rien de créé ne pouvait satisfaire.

Un seul trait de cette époque de sa vie peindra son élan pour tout ce qui lui paraissait un bien à faire, un acte de vertu à pratiquer. Elle était chargée, avec deux de ses compagnes, d'orner l'oratoire de la maison, et un jour, tandis qu'elle se livrait à ce pieux emploi, une pauvre femme, couverte de haillons, au visage ridé et amaigri, étant entrée dans la cour de l'établissement, pénétra jusqu'aux jeunes sacristines. Leur cœur s'émut à son aspect, et leur petite aumône, jointe à quelques bonnes paroles, apporta à la mendiante un peu de consolation. Elle allait se retirer, quand Bathilde, se tournant vers ses compagnes, leur dit tout bas avec cette spontanéité qui lui était ordinaire : « Si nous l'embrassions ! » La proposition fut vite acceptée, et la pauvre femme, tout émue, se retira, bénissant Dieu d'un accueil auquel elle n'était guère accoutumée.

En arrivant auprès de ses nouvelles maîtresses, Bathilde avait trouvé, dans le digne aumônier de l'institution, un bon et excellent père. « Je commençais, dit-elle, à goûter le bonheur d'une bienfaisante et dévouée direction ; mon âme s'épanouissait à la joie de rencontrer enfin un père dans mon confesseur, joie que j'attendais avec tant d'impatience ! lorsque, hélas ! ce digne prêtre quitta la paroisse pour aller remplir les fonctions de curé, loin de Toulouse ; c'était en 1865.

« Je ressentis une peine impossible à décrire ; mes larmes ne tarirent pas de plusieurs jours ; ma bonne sœur (c'est ainsi qu'elle nommait son amie), cherchait bien à me consoler, mais il me semblait que jamais personne ne saurait combler le vide que mon père laissait dans mon cœur.

« Son départ fut bien triste. Ses dernières paroles sont restées gravées dans mon âme, et je ne les oublierai point ; elles furent pour moi un baume salutaire, en même temps qu'elles m'émurent profondément. Dieu vous appelle, ma fille, me dit-il, à la vie religieuse ; tâchez de correspondre à l'appel de sa grâce et suivez, sur ce point, les conseils du directeur qui vous sera donné.

« Ma douleur était amère ; mais le divin Maître me réservait de suaves consolations.

« Après quelques jours de prières et de regrets,

nos maîtresses pensèrent à nous donner un nouvel aumônier. Ce ne fut pas sans trembler d'émotion et de crainte que j'entendis prononcer le nom du digne et dévoué Ministre du Seigneur qui devait s'occuper de nos âmes. Ce choix fit sur mon cœur une de ces impressions indéfinissables qui l'agitent confusément sans le satisfaire, qui le troublent sans l'effrayer, mais qui réveillent un espoir de confiance et d'abandon.

« Ma première confession, que je redoutais tant, dilata mon âme ; j'étais presque heureuse dans ce mystérieux tête à tête avec l'envoyé de Dieu, car il y a sur la terre des âmes empreintes d'un sceau divin, dans lesquelles on rencontre tant de grandeur et de noblesse, qu'on ne saurait dire si ce sont des créatures comme nous ou des anges cachés sous forme humaine. Telle fut mon impression nouvelle. Dès lors ma frayeur s'évanouit pour donner place à une certaine crainte respectueuse qu'on ne peut s'empêcher d'éprouver lorsqu'on approche de la dignité sainte et bienveillante. Je n'hésitai plus à lui ouvrir mon âme. »

Nous nous sommes étendues sur cette circonstance de sa vie, car c'est une grande chose dans toute existence que la rencontre de cette âme destinée à façonner, à élever, à sanctifier la nôtre. Il fallait à notre ardente jeune fille une direction sage et éclairée, une direction qui, sans chercher à détruire sa nature, sût en modérer les élans et donner un aliment divin à son incessante activité. Le nouveau guide que lui offrait la Providence répondait merveilleusement à ses aspirations.

Cependant Bathilde poursuivait ses études avec fruit. Arrivée à sa dix-huitième année, âge exigé alors pour l'obtention du brevet, elle se présenta, ainsi que son amie, devant la commission d'examen. Après avoir partagé les mêmes appréhensions et les mêmes espérances, elles partagèrent les joies du succès, et, quatre mois plus tard, le brevet supérieur venait encore couronner les travaux et les efforts des deux fidèles compagnes. Une seule chose assombrissait le bonheur du triomphe : l'heure de la séparation allait sonner.

« J'étais donc arrivée, écrit-elle, au terme après lequel soupirait si ardemment ma famille. Il me fallut quitter et mes maîtresses que j'aimais autant que je les vénérais, et ma sœur que je ne cessais de chérir. Alors s'ouvrit pour moi une autre existence, existence pleine de troubles, d'ennuis, d'incertitude ; mais je n'étais pas seule comme aux premiers jours de mes combats et le fort armé gardait ma maison en sûreté.

« L'idée de ma première vocation venait souvent troubler mon imagination. Oui, troubler ; car alors j'aurais voulu l'oublier, non que j'aimasse le monde, mais parce que je ne pouvais appréhender sans amertume et tristesse la séparation d'avec tous ceux qui m'étaient chers. »

Un nouveau genre de combats l'attendait encore. Plusieurs partis avantageux se présentèrent, et ses parents cherchèrent à lui faire accepter celui qui souriait davantage à leur tendresse. Ce cœur aimant ne fut point insensible à la douceur des affections terrestres : mais un attrait surnaturel le portait plus haut : de là une lutte engagée entre la nature et la grâce. L'amour de l'Epoux divin des vierges resta vainqueur. Bathilde venait de prendre une grande et généreuse résolution, d'autant plus forte qu'elle s'était formée au sein du sacrifice ; plusieurs fois encore de semblables circonstances devaient se renouveler sans l'ébranler jamais.

CHAPITRE IV

L'institutrice.

Ecoutons de nouveau son récit : « Je cachais soigneusement mes impressions pieuses à mes parents ; car, plus elles sont vives, plus profondément je les garde recueillies et voilées. Je restais indécise, du moins je le voulais paraître ; mais je priais, je priais bien fort mon Jésus et ma Mère de changer les événements en ma faveur, d'opposer quelques obstacles aux sollicitations nombreuses qui m'étaient faites, afin que mes refus n'eussent rien d'étrange et de surnaturel. Le divin Maître m'exauça aussitôt.

« J'avais du goût pour l'enseignement, quoiqu'on n'eût jamais songé à me le laisser exercer. On nous offrit un pensionnat d'une assez brillante apparence. Je regardai cette proposition comme une grâce céleste, et j'insistai bien fort auprès de mon père, afin qu'il accédât à mes désirs. Je pourrai ainsi, me disais-je, alléguer de bonnes raisons pour refuser

Cette sécurité me comblait de joie, soit à cause de ma famille, soit à cause du monde. Enfin, les arrangements se firent, et, d'après l'assentiment de mon confesseur, je pris possession du pensionnat. Je me livrai à une tâche que mes proches et mes amis trouvaient bien pénible et que mon imagination de dix-neuf ans, le dirai-je? mon cœur même, embellissaient des plus doux rêves, des plus délicieuses pensées. Hélas! que d'amertumes je devais dévorer dans le secret de mon âme! La vie, en se montrant à moi sous un nouvel aspect, n'avait pas fait encore tomber le prisme enchanteur à travers lequel je voyais toutes choses. J'aimais l'enseignement parce que j'aimais les enfants, parce que j'avais le désir des dévouements qui grandissent, des sacrifices qui ennoblissent, parce que mon cœur ne voulait qu'aimer et se dévouer; mais, hélas! quel peu d'expérience!

« J'étais loin de connaître les élèves que j'allais diriger. Je croyais la jeunesse d'ordinaire aimante, généreuse, ne comprenant pas la sèche indifférence des âmes flétries par l'égoïsme; mais n'anticipons pas sur les événements en parlant de mes déceptions et de mes chagrins; parlons plutôt de mes premières émotions qui furent pour moi si heureuses et dont le souvenir plus tard devait augmenter ma peine.

« Sur ces entrefaites, mon amie suivit aussi sa vocation, vocation que j'enviais moi-même et que j'aurais voulu suivre, puisqu'elle était l'objet de tous mes vœux. Elle quitta le monde pour embrasser la vie religieuse; comme la pure colombe de l'arche, elle ne trouva pas sur la terre où reposer son pied et dirigea son vol vers ces régions célestes où une foule de vierges s'enivrent continuellement d'immolation, de sacrifice et d'amour.

« Pour moi, je commençais encore pour la troisième fois une nouvelle existence. Mes premiers débuts furent trop heureux, trop flatteurs pour une âme qui aime la croix ; j'avoue que j'avais peur de ma félicité. Mes élèves m'aimaient plus que je ne l'avais espéré ; mes moindres désirs étaient des ordres qu'on s'empressait de satisfaire. Une certaine réputation de science s'était attachée à ma personne, aussi dans les familles et dans les classes ne parlait-on que de mon instruction et de ma douceur. Mon Dieu ! quel contraste de choses et de sentiments devait succéder à cet enthousiasme ! Mais l'âme élevée par son origine et par sa fin au-dessus des choses de la terre doit s'appliquer à vivre dès ici-bas dans une atmosphère céleste. C'est le seul moyen d'échapper aux troubles, aux bouleversements de ce monde. Appuyée sur la certitude de ses espérances immortelles, comme sur une inébranlable base, elle doit ressembler à ces hauts pitons qui dominent les tempêtes et dont aucun nuage n'obscurcit le sommet.

« La jalousie s'acharna contre moi et je parus descendre aussi bas dans l'esprit et dans le cœur de ces enfants que j'avais été élevée naguère. Je souffris mes amertumes sans me plaindre. Je dévorais mes larmes, Dieu seul le sait, car à lui seul je confiais mes tristesses, mes ennuis, mes découragements. Mon âme restait fermement attachée à Jésus. L'idée de me consacrer à mon Dieu me poursuivait sans cesse ; enfin j'obtins l'insigne faveur de faire le vœu de virginité pendant un an, et le jour de l'Assomption je jurai fidélité à ma Mère et à son divin Fils.

« Je jouissais d'un moment de calme. Dieu avait pris pitié de ma faiblesse ; mais la vie n'est qu'un tissu de courtes joies et de longues douleurs. Le chrétien doit se regarder toujours comme un voyageur qui passe ici-bas dans une vallée de larmes et qui ne se repose qu'au tombeau. »

La noire jalousie, d'autant plus perfide qu'elle se cachait sous le masque de l'amitié, redoubla, en effet, ses indignes manœuvres, en communiquant son venin aux élèves de la jeune institutrice. Un concours de circonstances pénibles comprimait sa liberté d'action et rendait impuissante son autorité. Mais dès qu'elle put parler et agir, toutes choses changèrent de face. Certaines élèves méchantes et insubordonnées furent élaguées promptement ; les autres rentrèrent dans l'ordre : les classes redevinrent silencieuses, l'obéissance et la soumission y furent remises en honneur. Les enfants, reconnaissant enfin le dévouement et la sollicitude de leur maîtresse, lui demandèrent pardon de leur conduite passée, et lui vouèrent une affection que rien ne devait plus altérer.

Cette longue et cruelle épreuve avait été pour Bathilde un creuset purifiant ; elle l'avait désenchantée de la vie factice des illusions en la faisant tomber dans la vie réelle des souffrances, des déceptions, des amertumes ; elle l'avait contrainte à accepter sa noble mission auprès de la jeunesse comme un labeur ingrat ; aussi cette âme généreuse se voua-t-elle dès lors à l'enseignement avec encore plus de zèle. « Je n'en aimais que plus ma tâche, dit-elle, et je n'étais que plus forte dans la résolution de persévérer dans la mission que j'avais entreprise. » Son apostolat avait grandi dans les larmes : il devait être fécond.

Pour mieux apprécier de quelle manière elle envisageait l'œuvre de l'éducation, il ne sera pas inutile de retracer ici une page empruntée à son recueil de méditations.

Pro eis ego sanctifico meipsum.

Pour eux je me sanctifie (S. Jean, XVII, 19).

« Le mouvement d'un mécanisme dépend de la force motrice, et ce mouvement est d'autant plus habile que le moteur est mieux réglé. Ne suis-je pas, moi, cette force qui doit imprimer le mouvement à toutes les âmes qui me confient leur faiblesse ? Tel est, il me semble, le langage que se doit tenir celui qui est chargé d'une direction quelconque. Quels soins ne doit-il pas apporter à la sanctification de sa vie, puisqu'elle doit servir de type à tant d'autres, puisqu'il est même appelé à répondre au souverain Juge de toutes les âmes qui lui ont été confiées.

« Mais ces paroles : *Pro eis ego santifico meipsum* peuvent encore avoir un sens plus élevé et plus profond. Si l'on ne peut donner que ce que l'on possède surabondamment, comment une âme ordinaire, vulgaire, pourra-t-elle sanctifier ceux qui l'entourent et dont elle est chargée ? Sa sollicitude tout apparente ne produira certainement nul effet durable, et elle aura beau s'épuiser en conseils, en prières, en leçons ; si son intérieur ne recèle point un vrai trésor de mérites, de mortification, de vertu, tous ses labeurs seront infructueux. Son cœur doit être un fort, une citadelle où elle puisse elle-même s'abriter au jour du danger et où elle trouve encore des armes et des munitions pour son peuple. Quiconque donc exerce un ministère quelconque doit d'abord se sanctifier et puis travailler à sanctifier les autres. N'est-ce point là le sublime idéal de la communion des Saints, sous un autre point de vue? Et ceux qui se livrent avec tant d'ardeur à la prière, à la mortification, à la pratique de toutes les vertus, n'ont-ils pas pour but d'appliquer quelques-uns de leurs mérites à de pauvres âmes insouciantes de leurs destinées éternelles et qui courent à leur perte? Magnifique commerce spirituel! fruit d'une religion d'amour! célestes dévouements!

« *Pro eis ego sanctifico meipsum*. Ces paroles, mon Dieu, ne doivent-elles pas aussi m'appartenir et me servir de règle de conduite dans le laborieux et difficile ministère que je remplis? Vous savez combien l'enseignement me devient pénible et insupportable depuis que je ne rencontre que de pauvres petites âmes vulgaires, légères, dissipées et insouciantes. Vous savez, mon Maître, le profond ennui que j'éprouve, les épreuves nombreuses que je subis, les larmes que je verse lorsque je m'aperçois que je travaille sur un terrain si ingrat. Oh! ne m'arrive-t-il pas souvent de me décourager et de ne vouloir plus marcher? Alors, sondant mon âme, je cherche à voir si je ne suis pas la cause, moi, par mes infidélités, mes négligences, de l'indifférence, de la nullité de mes élèves. Et, mon adorable Maître, vous savez bien alors combien je prie et les mortifications que je m'impose pour elles. C'est trop peu, peut-être, je me dois sanctifier encore davantage ; n'est-ce pas, Jésus, c'est trop peu ? L'Apôtre en faisait beaucoup plus que moi, et il sentait la nécessité, la loi de cette sanctification pour les autres. Je la sens bien cette loi, mon Dieu, et hélas ! c'est quelquefois ce qui m'accable, parce que je suis si faible, si petite, si infirme ! Mais je veux me relever, je veux me sanctifier pour *elles*. Je veux me mortifier, c'est le premier pas dans la vertu. Ce que j'ai déjà fait doit être compté pour rien, c'est si petit ! Oui, mon Jésus, *si cela est peu, j'y ajouterai bien davantage*, avec le secours de votre sainte grâce. »

On comprend par ces paroles ce que devait être la vie et l'enseignement d'une institutrice ainsi pénétrée de ses devoirs. Elle attirait les cœurs par cette puissance d'attraction et de sympathie que Dieu lui avait départie si largement, mais plus encore par cette puissance de la vertu à laquelle rien ne résiste ; loin de se reposer humainement dans les cœurs ainsi gagnés à son doux empire, elle ne se servait de son ascendant que pour les élever vers Dieu, pour leur faire aimer le Bien et le Beau sous toutes les formes. Quelles industries ne possédait-elle pas pour leur faire pratiquer la vertu, pour la leur rendre aimable ! Sans négliger aucune des branches de l'instruction, sans oublier de former ses élèves au savoir-vivre et aux bonnes manières, son but principal était de façonner leurs âmes, de les éclairer par une solide instruction religieuse, de les tremper fortement dans l'esprit chrétien ; et tant qu'elle n'avait pas atteint ce but, tous les autres succès lui paraissaient de peu de valeur. Pour elle, l'éducation avait presque la dignité du sacerdoce.

Tandis qu'elle en remplissait si fidèlement les obligations, son âme ne laissait pas d'être aux prises avec des luttes sans cesse renaissantes. Modérer l'impétuosité de son caractère, calmer le feu de son imagination, se maintenir grave et digne en maintes circonstances où le cœur parlait plus haut que la raison, tel était le travail intérieur que, sous le regard de Dieu, elle accomplissait journellement. C'était là d'ailleurs le fruit de la prudente direction à laquelle elle s'était soumise. « Ce bon père, dit-elle en parlant de son guide éclairé, réprimait mes ardeurs quelquefois téméraires, mon enthousiasme souvent exalté, mes sentiments toujours passionnés. »

L'Eucharistie était l'arsenal divin où elle puisait ses forces, la source où elle alimentait sa vie. Admise dès lors à une communion fréquente et plus tard à une communion quotidienne, on la vit, malgré ses nombreuses occupations, toujours assidue à la Table Sainte. Cette manne sacrée était le festin qui suppléait surabondamment aux plaisirs de la terre. Ses épanchements, chaque matin, au pied des autels étaient des flots de tendresse qu'elle versait dans le Cœur de Jésus : l'Eucharistie pour cette âme, c'était le ciel commencé. Avec quels accents elle parle de ce Sacrement d'amour dans ses Méditations ! et comme on acquiert, en les lisant, la conviction plus profonde que le secret de ses énergies était là. Écrivant sur ce texte de saint Bernard :

Cadit rarius, surgit velocius : « Il tombe plus rarement, il se relève plus vite », elle l'applique au chrétien qui communie.

« Quel est celui, mon Dieu, dont parle votre Saint par ces paroles de confiance? N'est-ce pas de celui qui participe à votre corps et à votre sang adorables? Je le crois, parce que je le sens, et que, non seulement la foi me le garantit, mais la raison et l'expérience. En effet, comment votre divine nourriture, Seigneur, ne fortifierait pas l'âme qui la mange? Le pain qui nourrit notre corps en entretient la vie; le pain céleste que reçoit notre âme ne peut-il point produire un prodige non moins grand et non moins merveilleux?

« Que celui qui craint de tomber s'approche du Seigneur; qu'il fasse plus, qu'il reçoive le pain qui fortifie le fort, le vin qui fait germer les vierges. Que celui qui est tombé s'approche aussi, le Maître divin l'appelle. *Je viens pour les brebis perdues de la maison d'Israël.* Que celui qui est faible au point de redouter la mort aille au céleste banquet où il trouvera des forces et, avec ces forces, le vol hardi de l'aigle pour retourner vers son soleil éternel d'où il est descendu. Que tous ceux, en un mot, qui sont chargés, oppressés, inquiets, malades, vieillis, courent après cette source bienfaisante qui console, anime, calme, guérit, rajeunit, sanctifie. O mon Dieu, je m'approche, moi, et comment le puis-je mériter? Mais vous me le commandez: *Venez à moi, vous tous qui êtes chargés, et je vous soulagerai.* Seigneur, je suis bien chargée aujourd'hui, si fortement chargée que si vous tardez à me secourir, je succombe. Oui, je succombe, je n'en puis plus ; il me semble être dans la position de cet infortuné qui a glissé d'un pied dans l'abîme et qui est resté suspendu à quelques branchages. Si ses cris sont entendus, il ne périra pas, le secours le sauvera ; mais si personne ne vient aussitôt, il roule, se précipite de la branche qui casse, au fond des abîmes. Me voilà aujourd'hui : je ressens la fièvre et la terreur de ce malheureux, je crie vers vous, Seigneur, Seigneur !! Venez, je mêle mes larmes à mes cris, Seigneur, je pleure, je souffre, venez ! Dans quelques instants, je vous recevrai ; ô instant, ne tarde plus ! Mes pleurs tombent sur ma feuille (cette page porte, en effet, les traces bien visibles de ses larmes). Souvenir de ma souffrance, restez imprimé sur ce papier, afin que lorsque je vous relirai, je remercie mon Dieu de m'avoir sauvée. O misérable vie ! comment peut-on t'appeler vie, puisque tu conspires à chaque battement de notre cœur à nous éloigner de la vie qui nous fait vivre, par l'appât de celle qui nous donne la mort. O amour ! amour ! je ne veux que vous. Et il me semble que d'autres me réclament ; soutenez-moi dans le serment que j'ai fait de ne vouloir que vous. Oh ! je le jure, moi, je le soutiens, que celui qui vous reçoit, Seigneur, tombe plus rarement et se relève plus vite.

« Il se relève plus vite. Et comment ne serait-ce pas ainsi après les douceurs qu'il a déjà goûtées ? Le souvenir qui est dans son âme et dans sa pensée l'emporte aussitôt vers son bonheur écoulé, et il y court de nouveau comme le faible oiseau, fatigué par la tempête qu'il a essayé de braver, revient au nid de sa tendresse et de l'amour maternel. Et ce sacrement divin possède aussi en lui la vertu qui donne le repentir et qui purifie. Une âme qui y participe peut, sans doute, tomber, mais elle ne reste pas longtemps dans son égarement, parce que la céleste nourriture qu'elle a reçue renferme en soi la force qui relève et l'espoir qui ranime. »

Telle était bien la conduite qu'elle tenait dans les défaillances inséparables de la nature. Après les avoir reconnues et détestées, son amour y puisait un élan nouveau : le besoin de réparer, de s'immoler, de plaire à l'unique objet de ses affections, grandissait dans son âme ; mais, on peut l'affirmer, quand on a connu ses dispositions intimes, il n'y avait point d'advertance dans les légères fautes dont elle payait le tribut à la fragilité humaine.

Bathilde avait atteint sa vingt-deuxième année. Son établissement était florissant, sa famille heureuse ; il semblait qu'elle dût goûter enfin un peu de repos, nous dirions de bonheur, si le bonheur avait pu exister pour une telle nature. « Quel homme fut heureux avec de grands dons ? dit le P. Lacordaire. Quel vase habité par une âme d'élite n'a pas reçu du ciel la goutte d'absinthe qui doit le purifier ? » La goutte d'absinthe se trouvait bien là au fond du calice. C'était cette immensité de désirs que rien ici-bas ne pouvait satisfaire ; c'était cette soif de l'infini que rien ne pouvait étancher. Au milieu des joies les plus innocentes et les plus légitimes, son cœur n'était point satisfait : il réclamait toujours davantage, il montait toujours plus haut et ne se reposait qu'à la pensée du ciel. Le ciel ! tel était le mot qui s'échappait souvent de ses lèvres et que sa plume se plaisait à tracer presque à la fin de chacune de ses pages. Ses traits, souvent empreints d'une douce mélancolie, s'illuminaient à ce seul mot : elle habitait au ciel par ses aspirations et ses espérances.

« Je ne trouve de bonheur en rien, écrit-elle à cette époque de sa vie, en aucune chose humaine, et si les chastes joies des affections les plus pures me procurent d'inénarrables jouissances, c'est qu'elles me font rêver au ciel, aux anges, à l'éternel ravissement des vierges suivant partout l'Agneau, et lorsque je retombe dans le matériel de la vie, je sens aussitôt un vide immense, une mélancolie vague et triste comme le rayon de l'astre qui s'éteint. Ah ! c'est que notre âme n'est point créée pour la terre; c'est qu'elle tend sans cesse à s'élever vers son Créateur; entre le ciel et nous il existe une mystérieuse attraction : Dieu nous veut et nous voulons Dieu. Et ce besoin incessant de notre âme vers Dieu, tout en éveillant en notre être d'ineffables tristesses, nous fortifie contre les mille agitations, les divers bouleversements de notre existence en nous montrant l'objet unique de nos désirs, de notre amour, l'éternelle récompense de nos travaux. »

Ces tristesses n'étaient pourtant qu'un faible prélude des épreuves que lui réservait l'avenir. Retraçons fidèlement son propre récit :

« C'était vers la fin de mai, en 1871; nous nous préparions à célébrer la clôture du mois de Marie; mon âme s'y était préparée avec amour; du

reste, pendant ce mois de bénédiction, la Mère de mon Dieu m'avait demandé l'abandon d'une grande affection, et je le lui avais accordé. Le matin de mon grand malheur, agenouillée au pied de son sanctuaire, je méditais dans les larmes, car j'étais fort préoccupée du salut d'une âme qui m'était chère, et je demandais à mon Dieu quel était le sacrifice qu'il réclamait de moi pour arrêter cette âme sur la pente du mal vers lequel elle se précipitait les yeux fermés ; lorsque, après avoir énuméré les objets que j'aimais le plus ici-bas, me réservant mon père chéri comme le plus cher, le plus tendre, le plus aimé de mon âme, voulant, pour ainsi dire, par un secret mouvement du cœur, le sauver de mon abandon, une voix intime se fit entendre en moi : « Et ton père, le sacrifierais-tu ? » Je m'abîmai dans l'angoisse... et je répondis : « Mon Dieu, s'il le fal-
« lait ! que votre volonté s'accomplisse !... »

« Et trois ou quatre heures après, un employé de la maison vint en toute hâte nous annoncer que mon bien-aimé père s'était trouvé fort mal, ce matin même, à la campagne ; il était parti la veille.

« Aussitôt que nous eûmes appris la fatale nouvelle, nous partîmes, maman chérie et moi avec un médecin de Toulouse ; mais tout secours fut impuissant, notre bien-aimé ne nous reconnut pas, et deux heures après, il s'éteignit... Nous sûmes que Monsieur le Curé de Seilh était accouru au premier moment ; qu'il avait donné au cher mourant l'Extrême-Onction ; nous sûmes aussi que notre cher père, se sentant frappé, dit tristement : « Quel malheur ! » et qu'il avait entièrement perdu connaissance depuis.

« Ah! quel affreux moment lorsque la vie eut abandonné ce cher corps de mon père!... Me prosternant dans les angoisses de la douleur, je n'eus qu'une pensée et qu'une parole : Mon Dieu, que votre volonté soit faite! C'était la première fois que je sentais bien la conviction de ces paroles divines. Couvrant ma pauvre mère de caresses et de soins, allant du lit de mon amour défunt à ma mère chérie, je répandais des flots de pleurs sur la couche funèbre et je devenais forte aux genoux de ma mère. Je sentais la hauteur de la tâche qui m'était désormais confiée ; je voyais le dur sentier que j'avais à parcourir et je demandais le courage pour ne point faiblir.

« Mon père chéri fut inhumé à Seilh, le vendredi 2 juin 1871. Toute la population de la commune assista à ses obsèques, magnifique et touchante oraison funèbre ! Il n'était qu'une voix pour redire son honneur, sa probité, sa foi, sa vie chrétienne. Nous suivîmes le convoi au milieu de nos pleurs... et l'humide poussière du tombeau le dérobe désormais à notre amour. O père, sois heureux ! Mon Dieu, entendez ma voix du fond de l'abîme d'amertume dans lequel je suis plongée ; donnez le repos éternel à l'âme que je pleure ; donnez aussi le bonheur à ma mère chérie ; donnez-le leur, je vous en conjure à deux genoux, au prix des jouissances que vous me réservez peut-être ici-bas dans votre infinie miséricorde.

« La mort subite de mon père changeait toute mon existence : d'une position large et commode, je tombais dans les soucis inquiétants de l'avenir.

Les affaires de notre cher père n'étaient pas prospères au moment où il mourut. Nous nous trouvâmes dans un dédale inextricable, et après des accommodements, toujours à notre préjudice, nos immeubles furent vendus à vil prix ; mais l'honneur nous resta, malgré tout.

« Quelles anxiétés cruelles ! quelles inquiétudes amères ! Moi, faible jeune fille, qui jusqu'alors n'avais eu d'autre contact que celui de la plus délicate vertu, je me voyais en face d'hommes que je n'avais jamais connus, discutant ou plutôt subissant comme une victime leurs raisonnements sophistiques et leurs calculs pleins de finesse et de fausseté. Ah ! la triste expérience de l'égoïsme et de l'erreur a bien souvent pesé sur mon cœur ! Que de fois j'ai versé d'amères larmes en considérant le gouffre dans lequel je me voyais jetée ! Mais, grâces soient rendues à mon Dieu, je suis sortie glorieuse, fière et digne de toutes ces luttes. »

CHAPITRE V

Séjour à Merville.

« Ces épreuves morales, écrit Bathilde, avaient miné la santé de ma mère chérie, elle faiblissait peu à peu. Un abattement plein de tristesse s'était emparé de moi, je languissais comme une fleur privée d'air et de soleil. Je résolus de quitter ma position à Toulouse, et par les soins bienveillants et dévoués du digne Curé de Saint-Sernin, j'obtins un poste d'institutrice communale à Merville. C'était là le rêve de ma mère chérie, c'était le mien. Combien alors encore la Providence m'a été secourable ! Le calme et le repos des champs n'était-ce point ce qui convenait à nos existences brisées, à nos cœurs souffrants ? J'avais tant désiré me rapprocher des restes chéris de mon père, et je suis placée à Merville, une heure après Seilh, où reposent ses cendres, touchante Providence, délicate attention de mon Dieu qui s'est toujours montré, même dans mes malheurs, le meilleur des pères. »

Après avoir cédé son établissement de Toulouse, Bathilde partit donc avec sa mère et une sœur plus jeune qu'elle de plusieurs années, dont elle avait complété l'instruction et qui venait d'obtenir son brevet. Partageant ses soins entre ces deux objets de sa tendresse et ses élèves, Bathilde se montra à Merville ce qu'elle avait été partout, un modèle de piété et de dévouement. La solitude, l'aspect de la nature qu'elle aimait tant, les bonnes âmes qui l'entouraient et qui toutes rivalisaient d'affection et de prévenances à son égard, mais surtout la satisfaction de sa mère, la dédommageaient un peu des peines et des soucis du passé. Il est vrai que la pensée de se vouer à Dieu dans la vie religieuse la poursuivait toujours ; néanmoins, sentant qu'elle se devait au bonheur de sa mère, il n'est pas de sacrifice qu'elle ne se fût imposé pour remplir tous les devoirs de l'amour filial.

Ainsi s'écoulèrent près de deux ans à Merville.

C'était une halte entre deux croix, une oasis dans le désert, une préparation à de nouvelles douleurs.

« Je me trouvais, dit-elle, moi, pauvre enfant, si heureuse que je craignais souvent que Dieu ne me préparât par ce repos à de grandes épreuves encore. J'avais presque peur de ma félicité ; du reste, c'est là toujours mon sentiment lorsque je me sens heureuse. Le bonheur est une si grande exception pour moi, que je ne suis point dans mon centre lorsque je le goûte, et que je me prends même à regretter la souffrance comme la compagne inséparable du plus pur amour. »

Une nouvelle épreuve l'attendait, en effet. Les souvenirs écrits de sa vie s'arrêtent à cette page douloureuse que l'amitié a pu recueillir de sa propre bouche.

Dans les premiers jours de juin 1876, Mme Donat se sentit violemment atteinte d'une maladie qu'on ne tarda pas à reconnaître pour une fluxion de poitrine. Tout en prodiguant à la chère malade les soins les plus assidus et les plus empressés, Bathilde n'oublia rien pour préparer son âme au grand passage, car le mal devenait si rapide et si effrayant que toute illusion était impossible. Monsieur le Curé de la paroisse fut appelé, et la pieuse mourante reçut avec beaucoup de foi tous les secours de la religion. Munie du Pain des forts, consolée par la pensée d'une vie constamment édifiante et chrétienne, encouragée par les saintes exhortations de sa fille chérie, cette âme vraiment forte envisagea la mort sans faiblir. Après avoir adressé à ses deux enfants de touchantes paroles, elle s'endormit doucement entre leurs bras du sommeil des justes. C'était le 10 juin 1876.

Surmontant sa douleur, Bathilde s'oublia elle-même pour rendre à cette dépouille si chère les devoirs de la plus tendre piété filiale. Elle voulut que le corps de sa mère fût inhumé à Seilh, auprès de celui de son père. On se rendit à ses désirs et, malgré la distance, une foule sympathique accompagna, avec les tristes orphelines, ces restes chéris au champ du repos. Mme de Villèle, dont le nom est en bénédiction à Merville, et qui appréciait la pieuse institutrice par les leçons particulières qu'elle avait données à ses enfants, la contraignit d'accepter sa voiture pour suivre le funèbre convoi. Elle reçut, en cette occasion, de tous ceux qui l'entouraient les marques non équivoques d'un véritable attachement et, sa reconnaissance en garda toujours un impérissable souvenir. Plus tard, elle ne parlait qu'avec attendrissement des bons habitants de Merville, et les naïfs témoignages de dévouement qu'elle recevait encore de quelques-uns d'entre eux, la touchaient profondément.

En demeurant maîtresse dans cette immense affliction, l'âme avait épuisé les forces du corps, Bathilde demeura brisée.... L'image de sa mère mourante ne quittait plus son esprit; toutes les circonstances qui avaient accompagné sa mort se retraçaient à sa mémoire avec la vivacité que sait leur donner une imagination vive et un cœur ardent; mais ce qui dominait toutes les impressions, c'était le grand mot de Gethsémani : « Mon Dieu, que votre volonté soit faite et non pas la mienne ! »

Des préoccupations d'un autre genre devaient l'arracher à ses tristes réflexions. Si elle avait été jusqu'ici fille aimante et dévouée pour ses chers parents, elle voulait être encore pour sa jeune sœur une seconde mère, une providence visible. Avant d'entrer dans le cloître où l'appelaient ses désirs, elle voulait assurer l'avenir de cette enfant. Un projet de mariage avait été sanctionné de l'approbation de leur mère ; Bathilde le mena à bonne fin, et, après avoir donné à sa sœur, avec mille preuves de sa tendresse, une protection et un appui, elle alla frapper à la porte de la Compassion, de Toulouse, où une Sœur, une amie et d'anciennes maîtresses l'attendaient. Ce fut le 24 décembre 1876 qu'elle dit un éternel adieu au monde pour entrer au noviciat : elle avait alors vingt-neuf ans.

CHAPITRE VI

La vie religieuse.

Arriver enfin au port quand on l'a vu se fermer si souvent devant soi, est une jouissance bien douce ; notre nouvelle postulante l'apprécia surtout avec sa foi vive et son ardente piété. Dire que sa nature n'eut pas beaucoup à souffrir pendant sa probation, ce serait manquer d'exactitude et même de vraisemblance.

La force des événements avait mis de bonne heure

l'autorité entre ses mains ; quoiqu'elle n'en eût jamais usé qu'avec sagesse et mesure, il lui fut néanmoins pénible de se soumettre et d'obéir. Mais elle ne tint compte de ses répugnances naturelles que pour les combattre. Loin d'envisager l'obéissance avec les étroits préjugés du monde, elle en jugea avec l'ampleur et l'élévation des grandes âmes et des saints. Elle savait qu'en se soumettant à une puissance légitime, on ne s'incline jamais devant la créature, mais seulement devant Celui qui l'a revêtue de son autorité divine ; elle savait que s'abdiquer volontairement devant Dieu, c'est se trouver et se retrouver, non avec ses égoïsmes et ses passions tyranniques, mais dans la liberté, dans la paix, dans la lumière de l'homme spirituel et nouveau ; c'est pourquoi elle travailla si bien à se rendre docile dans les moindres choses, que ses efforts étonnaient sa maîtresse et ses compagnes. Il n'est pas jusqu'à ses rapports avec Dieu et ses élans dans l'oraison qu'elle ne soumît au contrôle de l'obéissance et n'astreignît à la méthode. Cette précaution, d'ailleurs nécessaire pour discerner la piété solide des illusions de l'amour-propre, montra, une fois de plus, que la sienne était de bonne trempe.

Son postulat fut encore éprouvé par la maladie. Une enflure aux jambes l'obligea à garder le lit ou l'infirmerie pendant plusieurs semaines. Elle se demandait avec inquiétude si sa santé n'allait pas mettre obstacle à une vocation si longtemps désirée. Sa parfaite guérison mit fin à ses craintes et elle put reprendre ses pieux exercices.

Cependant tout n'était pas joie dans son âme. Dieu

permit, pour la purification de l'holocauste qui allait lui être offert, que Sœur Bathilde (c'est le nom qu'elle conserva au postulat), fut assaillie de grandes peines intérieures, de désolations très vives, jointes à des répugnances et à des antipathies qui allaient toujours croissant. Mais à tout prix l'énergique postulante voulait être à Dieu ; aucune difficulté ne l'arrêta : on aurait dit qu'elle avait pris pour devise de courir à tout ce qui pouvait lui offrir de la peine et de la souffrance. Certaines pratiques d'humilité, en usage dans la vie religieuse, lui coûtaient beaucoup, et c'est pour cela, sans doute, qu'elle trouvait le secret de les multiplier. Dès qu'une saillie de caractère lui était échappée, on la voyait demander pardon de sa faute avec une conviction d'humilité qui touchait profondément. Son exquise sensibilité lui fournissait, avec de nombreux sujets de combats, de fréquentes victoires. Comprenant que sa nature expansive pouvait nuire à l'esprit de recueillement et au silence prescrit par la règle, elle prescrivit à ses lèvres une plus grande retenue.

Plusieurs mois s'écoulèrent dans ce travail intérieur. La fervente postulante aspirait au bonheur de revêtir les livrées de Jésus-Christ, et cette grâce lui fut accordée. On fixa au 19 juillet la cérémonie de sa vêture. Un choix délicat lui permettait de fêter doublement ce jour (1).

Nous retrouvons dans ses papiers les résolutions

---

(1) Sa sœur portait le nom de Saint-Vincent.

et les principales pensées de la retraite qui précéda cette cérémonie :

« *M'oublier et me faire oublier.*

« Je ne me dissimule pas les grandes difficultés de cette résolution et certainement si, comme saint Paul, je ne mettais en Dieu toute ma confiance, je reculerais devant de tels engagements.

« Mais puisque mon seul but désormais est de glorifier Dieu, je ne saurais mieux le glorifier par ma conduite et mes sentiments qu'en suivant du plus près possible mon divin modèle Jésus, et je ne le suivrai de près qu'autant que je travaillerai à m'immoler moi-même pour ne vivre que de Lui, en Lui et pour Lui.

« Par cette résolution j'attaque de front mes deux ennemis les plus acharnés : l'*orgueil*, sous toutes ses formes et dans toutes ses ramifications, et la *sensibilité* excessive de mon cœur.

« Pour parvenir à m'oublier moi-même, dans la pratique :

« Aussitôt que la pensée de moi-même me saisira, je la chasserai comme une tentation en prononçant les noms bien-aimés de Jésus et de Marie, et aussitôt je dirigerai les regards de mon âme, en les détournant de moi, vers ces deux divins objets.

« Pour parvenir à me faire oublier, dans la pratique : comme j'aime la distinction, l'estime, l'honneur, comme je frémis à la seule pensée d'une humiliation, d'un mépris, je vaincrai ces sentiments :

« 1º En ne parlant jamais de moi, en m'effaçant, autant que possible, pour laisser paraître les autres ;

« 2º En ne fuyant aucune humiliation ;

« 3º En ne demandant jamais rien en fait de charges et d'emplois, et en acceptant tout n'importe la difficulté ;

« 4º Et voici pour moi un grand sacrifice, en ne secondant aucune affection témoignée ou exprimée, à moins que la gloire de Dieu n'en dépende, et surtout en n'accordant à mes propres sentiments sur ce point aucune satisfaction.

« Je sais qu'ainsi je mourrai tous les jours; mais si en mourant à moi-même, en m'immolant sans cesse, je dois d'autant plus vivre en Dieu qu'ai-je à regretter? Et qu'est-ce que je suis? et que sont toutes les créatures à l'égard du Créateur? Et qu'est-ce que cette vie à l'égard de l'éternité? Et que sont nos souffrances d'un jour à l'égard du repos éternel dans le sein de Dieu? Une paille dans un brasier ardent, une goutte d'eau dans l'Océan, un grain de sable dans un désert, un rien auprès d'un tout et d'un tout infini sans commencement ni fin.

« Mon Dieu, mon Dieu, je consens bien à mourir tous les jours, si, en mourant, je dois vivre en vous. »

AUTRES PENSÉES ET RÉSOLUTIONS

« Garder le silence dans le courant de la journée, sauf le temps des récréations, comme si j'étais en retraite.

« Faire chaque action de la journée comme si c'était la dernière de la vie.

« N'user des créatures qu'en proportion qu'elles nous mènent à Dieu.

« Vaincre toutes mes répugnances et difficultés par cette maxime approfondie de saint Louis de Gonzague : « Qu'est-ce que cela pour l'éternité? »

« J'appliquerai aussi cette maxime comme un frein à mes entraînements vers la créature. Ainsi soit-il.

« Tout par le Cœur de Jésus. Si les dispositions intérieures me manquent ou sont bien affaiblies, j'aurai recours à celles du Cœur de Jésus, et si je pèche dans l'accomplissement de mes devoirs, j'offrirai à Dieu les satisfactions du Cœur de Jésus. »

Le jour tant désiré arriva enfin. Cette fête du 19 juillet 1877 eut un éclat tout particulier. On aurait dit que Notre-Seigneur voulait dédommager son heureuse fiancée des longs délais qu'il avait infligés à son amour. La cérémonie fut présidée par Monseigneur Goux, alors curé de Saint-Sernin et déjà évêque nommé de Versailles. Ce digne prélat avait apprécié les vertus et les talents de Mlle Donat lors qu'elle remplissait avec tant de zèle dans sa paroisse les fonctions d'institutrice (1). En plusieurs occasions, il lui avait donné des preuves de sa bienveillance et de son dévouement, aussi Bathilde lui avait-elle voué une profonde reconnaissance.

M. l'abbé Albouy, à cette époque curé de Saint-Pierre, et qui devait succéder à Mgr Goux dans la cure de la Basilique, fit le discours d'usage. Il lui appartenait, plus qu'à tout autre, de féliciter et d'instruire de ses nouveaux devoirs celle qu'il avait si bien guidée, pendant de longues années, dans les voies de la perfection chrétienne, et qui lui devait, après Dieu, le bonheur de ce jour.

Des prêtres nombreux étaient venus aussi rehausser de leur présence la pieuse cérémonie.

La nouvelle novice échangea son nom de Bathilde contre celui de Sœur Marie Saint-François de Sales. A sa dévotion envers l'illustre évêque de Genève, l'une des plus belles figures des temps modernes, se joignait un motif de piété filiale : ce grand saint

---

(1) Mlle Donat avait fait partie de la Congrégation des Enfants de Marie de la paroisse Saint-Sernin.

avait été le patron de son père, et l'on sait combien tout ce qui se rattachait à ce souvenir lui était cher !

Maintenant revêtue des signes extérieurs de sa consécration, Sœur Marie Saint-François de Sales fera des progrès plus rapides encore dans la perfection religieuse, et sa transformation au dehors ne sera qu'un symbole des opérations intérieures de la grâce dans son âme.

Nous avons vu, d'après ses résolutions, quel était le grand objet de ses luttes quotidiennes. Partout et toujours son cœur fut son martyre. Retrouver dans le cloître une sœur chérie, doublement sœur par la nature et par la grâce ; vivre encore auprès de sa compagne d'autrefois, son amie de toujours, étaient des consolations que Dieu lui fit chèrement acheter. Que de sacrifices ne s'imposa-t-elle pas dans ses rapports avec ces Sœurs aimées ! Faisant passer avant tout la règle, les devoirs de la vie religieuse, la charité universelle, la fervente novice imposa fréquemment des privations généreuses à ses affections.

Du reste, c'est à tout son être qu'elle appliqua la croix de Jésus-Christ par la mortification volontaire. Ses forces physiques étaient loin d'égaler sa bonne volonté, et cependant, sans aucun souci de son corps, elle choisissait, quand c'était possible, ce qu'il y avait de pire pour la nourriture, allait au-devant des fatigues et du travail, sollicitait et obtenait parfois la permission de partager les emplois des Sœurs converses ; à voir alors sa joie et sa bonne grâce dans son travail, on eût pu croire qu'elle était l'obligée. Ingénieuse à mortifier ses sens, il n'était pas d'occasion qu'elle ne saisît pour faire souffrir la nature et se donner quelque trait de plus de ressemblance avec le Dieu du Calvaire. La méditation assidue des mystères douloureux était le foyer où s'alimentait son amour pour Jésus crucifié, où elle trouvait le courage de se vaincre, de s'immoler, d'embrasser la croix.

Une autre forme de son amour pour Dieu fut une charité active pour le prochain. Qui lui demanda un service sans éprouver aussitôt les effets de son obligeance? Elle prévenait même les désirs; elle s'offrait à remplacer les Sœurs malades ou empêchées de faire leur travail. Si quelqu'une était affligée, avec quelle tendresse ne partageait-elle pas ses peines et ne s'efforçait-elle pas de la consoler! Oh! comme elle sentait vivement que la Communauté n'est qu'une famille agrandie!

C'est ce même esprit de charité qu'elle apporta auprès des pensionnaires quand elle fut appelée, au mois d'octobre 1877, à leur prodiguer ses soins. Elle les aima comme une mère; elle les traita avec ce tact délicat qu'on doit apporter au maniement des âmes, mais aussi avec cette fermeté virile sans laquelle l'éducation ressemble à un corps sans nerfs.

Un an s'était écoulé depuis sa vêture, et l'ardente novice ne soupirait qu'après le moment de sa profession. Ses Supérieurs et la Communauté la jugeant digne de cette faveur, on en fixa la cérémonie à la clôture de la retraite qui devait avoir lieu pendant les vacances de 1878.

Le 23 septembre, en effet, un clergé d'élite était réuni à la Compassion. Monsieur le Curé-doyen de la Basilique recevait les vœux de sa fidèle enfant, et lui adressait, au moment du choix de la couronne d'épines, une de ces allocutions pleines d'à-propos dont il possède si bien le secret. Le R. P. Dufour, prédicateur de la retraite, la terminait ce jour-là en parlant avec conviction à la nouvelle professe de la Croix de son divin Epoux, sur laquelle elle devait vivre et mourir.

La fervente épouse de Jésus débordait d'émotion ; le bonheur se peignait dans son regard ; l'âme transfigurait le corps. Ses vœux ici-bas étaient accomplis ; elle pouvait maintenant chanter le cantique de Siméon, car le ciel seul pouvait lui réserver des félicités plus pures.

Ses résolutions de ce jour confirment celles de sa vêture ; mais elles respirent plus de calme : la volonté, en s'exerçant, est devenue plus forte, l'âme est plus près de Dieu.

« En présence de Jésus, que j'ai choisi pour mon divin Epoux, en ce jour de ma profession religieuse, 23 septembre, de Marie, ma bonne mère, de mon Ange gardien, de mon patron saint François de Sales, de saint Joseph, pour fruit de la retraite et en souvenir de mes noces sacrées, je prends les trois résolutions suivantes :

« 1° De garder le silence. Je reste vivement impressionnée du bien que l'âme en retire ;

« 2° De me faire bien petite dans mes rapports avec Dieu et dans mes rapports avec le prochain.

« Dans mes rapports avec Dieu : me faisant sans cesse mendiante de son secours et de sa grâce, reconnaissant à ses pieds que je ne suis rien, que je ne puis rien, que je ne sais rien, le priant très humblement de m'assister.

« Dans mes rapports avec le prochain : m'effaçant sans cesse, me taisant, donnant très peu mon opinion, mes appréciations, mon sentiment, préférant toujours ceux des autres, prenant la dernière place, et cela sans contrainte ni affectation, tout simplement, parce que rien plus ne m'est dû ;

« 3° Travailler sans relâche à vaincre la sensibilité et la tendresse de mon cœur, en ne me permettant aucune expansion trop naturelle à l'égard des personnes aimées. O mon Dieu, ayez pitié de votre misérable mendiante !

« Plus que jamais, je suis pauvre et infirme !... »

Tout absorbée par le bonheur de son union sacrée avec Notre-Seigneur, Sœur Marie Saint-François de Sales ne songea plus qu'à resserrer, par sa fidélité, les liens bénis qui la rivaient au Cœur du divin Maître. Elle épura de plus en plus ses affections déjà si élevées. L'immatérielle beauté des âmes régénérées dans le Christ, le reflet de l'infini se révélant en toutes à des degrés divers, mais en quelques-unes avec tant d'éclat, voilà surtout ce qu'elle aimait dans les créatures, et, remontant de l'ouvrage à son auteur, du fleuve à sa source, du rayon au foyer, elle bénissait Celui d'où émane tout bien et tout don parfait.

En s'élevant ainsi vers Dieu, elle se détachait visiblement de la terre. Il n'était pas jusqu'à ses goûts artistiques et littéraires dont elle ne cherchât à faire le sacrifice. Ce sentiment se traduisit en plusieurs occasions.

Dans une circonstance exceptionnelle, on avait apporté à la salle de communauté, pour la récréation du soir, une collection de photographies des plus beaux monuments du monde et des paysages les plus pittoresques. A l'aide d'instruments d'optique, ces vues étaient d'un grand effet. Sœur Marie Saint-François était bien à même d'apprécier ces objets d'art et ces frappantes reproductions d'une belle nature ; cependant elle laissait approcher toutes ses Sœurs, cherchant à ce que son tour n'arrivât jamais. Une de ses compagnes s'en aperçoit et lui dit : « J'étais heureuse tout à l'heure en songeant à l'admiration que vous alliez éprouver ; approchez-vous donc, ma Sœur ! » Elle jette alors, par complaisance, quelques regards furtifs et distraits sur les objets qu'on lui désigne ; mais on sentit bien que son attention et son esprit étaient plus haut.

Sœur Marie Saint-François de Sales avait toujours eu un véritable culte pour les chefs-d'œuvre de la poésie et de l'éloquence. Un jour, voyant paraître au Noviciat un remarquable ouvrage de piété où une grande doctrine s'allie à la richesse et à la beauté du style, elle exprima un vif désir de le lire ; pour modérer son empressement, sa maîtresse lui en fit attendre assez longtemps la permission. Lorsqu'elle l'eut obtenue, elle ne toucha pas au livre tant envié. Une de ses compagnes lui en marqua son étonnement. « J'ai trop désiré cet ouvrage, répondit-elle, et Dieu me fait maintenant la grâce de m'en détacher. Je ne veux plus lire que l'Evangile, l'Imitation de Jésus-Christ et la Perfection chrétienne : ces livres suffisent bien à mon âme. »

CHAPITRE VII

La sainte mort.

Le moment était venu où Notre-Seigneur voulait appeler à lui son épouse. Rien au dehors ne le faisait pressentir. Le mois de Marie commença, et Sœur Marie Saint-François de Sales, toujours désireuse d'honorer sa Mère du ciel, en suivit avec ferveur les premiers exercices. Dans la journée du dimanche, 4 mai 1879, la conversation ayant roulé, en récréation, sur le bonheur de recevoir les sacrements avant la mort, une Sœur dit en sa présence : « Qu'on m'avertisse assez tôt quand l'heure sera venue ; l'émotion dût-elle abréger ma vie de quelques heures, peu importe ! Je désire recevoir les sacrements avec ma pleine connaissance. »

« — Et dût la mienne être abrégée de plusieurs jours, s'écria vivement Sœur Marie Saint-François de Sales, qu'on ne craigne pas de me prévenir. Je veux les secours de la religion avec toutes les cérémonies usitées ici. » Dieu entendait ce vœu et devait, hélas ! le réaliser bientôt.

Dans l'après-midi du même jour, pendant les vêpres, elle fut tout particulièrement touchée d'une prière qu'elle savoura longuement et qui commence par ces mots : « Je me laisse entre vos mains, ô mon Dieu, tournez, retournez cette boue, donnez-lui une forme, brisez-la ensuite, elle est à vous, elle n'a rien à dire ; il me suffit qu'elle serve à tous vos desseins. » Elle préludait à l'acte du suprême abandon.

La nuit suivante, elle se sentit atteinte de violentes douleurs qu'elle prit d'abord pour des crampes d'estomac. Elle couchait au dortoir des grandes élèves depuis quelques jours pour remplacer une Sœur malade. Le lendemain, son mal ne diminuant pas, on la transporta à l'infirmerie, où elle continua à souffrir horriblement. On lui prodigua les soins les plus empressés, mais sans se douter de la gravité de son état, le docteur n'ayant encore émis aucune crainte. « Assurément je mourrai de cette maladie, dit-elle le mercredi matin, je souffre trop. » Les Sœurs qui entendirent ces paroles la rassurèrent. Mais elle, toute résignée dans la souffrance, reprit en tenant son crucifix : « Depuis quelque temps je demande tous les jours à Dieu, en baisant ce crucifix, la grâce de me laisser crucifier ; aussi je ne saurais demander ma guérison ; non, je ne prierai pas pour cela, mais je ne veux que la volonté de Dieu. — C'est bien là ce qu'il y a de plus parfait, » lui répondit-on ; et l'entretien ayant eu quelques instants pour sujet l'excellence de l'abandon au bon plaisir divin, elle demanda une image où les mots Ita Pater, qu'elle se plaisait à répéter, étaient écrits. On satisfit à son désir.

Cependant des inquiétudes de plus en plus sérieuses agitaient la Communauté. Le médecin, pressé de s'expliquer, prononça le mot effrayant de péritonite. Dès lors tout espoir s'évanouit. La chère malade, de son côté, ne se fit aucune illusion. Monsieur le Curé de Saint-Sernin, informé de son état, s'empressa de venir la voir. La visite de ce digne prêtre fut une grande consolation pour Sœur Marie Saint-

François, qui vénérait toujours en lui un guide et un père. Après lui avoir si souvent aplani les rudes sentiers de la vie, il venait, à l'heure suprême, lui montrer le ciel qui s'ouvrait. Naguère, il avait reçu à l'autel les vœux sacrés de l'épouse radieuse ; aujoud'hui il venait recueillir l'oblation dernière de la victime expirante et lui faire entrevoir, de la part de Dieu, la couronne des vainqueurs.

Le lendemain, vendredi, vers six heures et demie du matin, Monsieur l'Aumônier confessa la chère malade. Le docteur arriva peu de temps après et conseilla de lui faire donner les derniers sacrements. Son confesseur la trouva toute disposée à recevoir cette nouvelle ; et il fut ravi des admirables dispositions que manifesta cette grande âme.

S'il est facile de donner quelques détails sur les circonstances extérieures qui accompagnèrent les derniers instants de cette chère Sœur, ce qu'il est impossible d'exprimer, c'est le reflet de sainteté dont elle parut entourée aux yeux de tous ceux qui l'approchèrent. Sa mort, en effet, ne pouvait être que l'écho fidèle de sa vie. L'éternité qui va s'ouvrir pour le mourant projette sur ses sentiments intimes une lumière qui les révèle tout entiers au dehors. Ainsi en fut-il pour Sœur Marie Saint-François de Sales : ses vertus brillèrent du plus vif éclat sur sa couche de douleurs, et son âme, habituée depuis longtemps à dominer le corps, y déploya une supériorité et une énergie vraiment magnanimes. Le triple lien de Foi, d'Espérance et d'Amour qui relie le chrétien à son Dieu, fit sa force en ce moment suprême. La foi, une foi vive et ardente, lui découvrait déjà les réalités et les grandeurs du monde invisible qui l'attendait ; les ombres du mystère commençaient à s'effacer ; à travers les voiles qui se déchiraient, elle entrevoyait la beauté sacrée de l'Epoux, elle sentait que le face à face sublime n'était pas loin.

Sa confiance, aussi inaltérable que sa foi, se raffermit encore par l'approche de l'heure dernière. Toute sa vie avait été un long élan vers le ciel ; comment aurait-elle pu craindre et hésiter, alors qu'elle en touchait les portes ? Dans les épreuves du chemin, dans les obscurités du voyage, Dieu avait été sans cesse et sa lumière et son appui ; comment aurait-elle pu redouter de se jeter enfin dans les bras de celui qui avait réjoui sa jeunesse et consolé son âme ? Comme Agnès prête à consommer son martyre, ne pouvait-elle pas dire à Notre-Seigneur : *Et ecce venio ad te, quem amavi, quem quæsivi, quem semper optavi :* « Voici que je viens à vous, à vous que j'ai aimé, que j'ai cherché, que j'ai toujours désiré ? »

Si son espérance était ferme, c'est qu'elle s'appuyait sur un grand amour. Nous avons nommé la racine de toutes ses vertus, lesquelles n'étaient que des formes plus ou moins variées et comme des efflorescences de cet amour sacré. Qui pourrait rendre l'expression de tendresse de son regard contemplant le crucifix ? Qui pourrait dire avec quelle pieuse effusion elle le baisait ? Son âme tout entière passait dans ce baiser et se répandait sur les pieds du divin Maître ! Ce crucifix qu'elle avait si souvent arrosé de ses larmes, ce cher confident de ses pensées et de ses douleurs, devenait maintenant son plus précieux trésor, le gage assuré de la récompense. Mais il était surtout son modèle. C'est en Jésus crucifié que la chère malade puisa la patience et la sérénité dont elle fit preuve au sein des plus vives souffrances. Souffrir pour l'Objet aimé, s'immoler avec Lui et pour Lui, tel est d'ailleurs le résumé de cette existence si courte pour la terre, si bien remplie pour le ciel.

Dans l'amour, il est pourtant des cîmes plus hautes encore. Courir au sacrifice est un aliment pour l'amour, un bonheur où il se retrouve ; mais s'oublier, s'abandonner, se perdre, pour ainsi dire, dans le bon plaisir divin, n'est-ce pas l'acte sublime et suprême de l'amour? Sœur Marie Saint-François de Sales excella dans cette disposition, et ici il faut surtout reconnaître le triomphe de la grâce, son impétueuse nature n'étant pour rien en cet état passif. Ce que nous pouvons donc plus justement admirer en elle, c'est sa soumission filiale à la volonté de Dieu. Pas une plainte, pas un regret ne s'exhala de ses lèvres ; pas un désir ne fut manifesté. Comme l'enfant entre les bras de sa mère, ainsi cette âme, prête à quitter la terre, reposait amoureusement dans le sein de la Providence, ne voulant ni la santé ni la maladie, ni la vie ni la mort, mais le bon plaisir du divin Maître.

Il est temps de reprendre les faits. Nous les exposerons simplement dans l'ordre où ils ont eu lieu.

Le vendredi, vers huit heures du matin, Sœur Marie Saint-François fit ses adieux aux Sœurs qui l'entouraient et leur demanda pardon des peines qu'elle pouvait leur avoir causées. Jusqu'à ce moment elle avait évité de parler devant sa sœur de sa fin prochaine ; mais alors, voulant lui faire envisager la terrible séparation, elle lui dit : « Comprends-tu le sacrifice que Dieu te demande ? » Et sur sa réponse affirmative, elle ajouta : « Je te plains, mais je sais que ton âme est forte. »

Il fut convenu qu'on lui porterait le saint Viatique à onze heures ; mais vers neuf heures elle demanda que ce fût sans retard, dans la crainte de perdre ensuite la parole. Dieu devait la lui conserver, ainsi que le parfait usage de ses facultés intellectuelles jusqu'à son dernier instant.

Elle réclama la couronne d'épines de sa profession, pour l'avoir sous ses yeux pendant cette seconde cérémonie si différente de la première, et se prépara avec une sainte impatience au bonheur de s'unir à son Dieu. M. l'abbé Albouy arriva au moment où elle allait recevoir le saint Viatique, et il put contempler, avec la Communauté, l'expression de foi et d'amour qui se lisait sur le front de la pieuse mourante à ce moment solennel. Quand elle eut reçu tous les sacrements, Monsieur le Curé de Saint-Sernin s'approcha de son lit, lui parla de ce Dieu qu'elle possédait dans son cœur, et, voulant tenter un dernier effort pour retenir cette âme prête à briser ses liens, il lui proposa de recourir à la puissante protection de Pie IX, lui promettant un fragment d'un vêtement de ce saint Pontife. La malade reçut peu après, avec reconnaissance, la précieuse relique ; mais ce n'était plus par sa vie, c'était par une sainte mort qu'elle devait glorifier Dieu.

Vers deux heures de l'après-midi, Sœur Marie

Saint-François de Sales entra en agonie ; les souffrances de son corps furent intenses jusqu'à la fin ; mais son âme était dans la paix. Un peu avant trois heures, elle demanda plusieurs fois l'heure qu'il était. « Je vais voir papa et maman ! » dit-elle. Un instant après : « C'est ma dernière heure ! » mais elle ajouta : « Cependant je n'en sais rien. » Puis elle demanda les prières des agonisants. « Il n'est pas encore temps, lui dit-on ; nous allons réciter les litanies du Saint-Nom de Jésus. » Monsieur l'Aumônier arriva peu après et fit lui-même les prières qu'elle avait demandées.

Vers quatre heures le docteur étant venu, elle le remercia de ses soins. Monsieur le Curé de Saint-Sernin revint aussi porter son suprême adieu à la chère mourante.

A quatre heures et demie, Sœur Marie Saint-François de Sales eut encore quelques bonnes paroles pour les Sœurs qui l'entouraient ; puis elle réclama deux Sœurs absentes et leur demanda pardon de quelques mots qui avaient pu les contrister et qui revenaient alors à son esprit. Se dégageant ensuite des mains amies qui pressaient les siennes, elle ne voulut plus avoir d'autre contact que celui de son crucifix.

La Mère Supérieure lui ayant parlé quelques instants du bonheur du ciel, son visage devint souriant, et elle ouvrit de grands yeux avec une expression qu'il est impossible d'oublier jamais quand on en a été témoin. Un commencement de l'extase éternelle illuminait ce front décoloré et ce regard presque éteint par la mort, à la pensée de voir bientôt ce Jésus qu'elle avait tant aimé! Les terreurs du Purgatoire ne la glaçaient pas : elle avait dit naguère cette parole admirable : « Je n'ai pas peur du Purgatoire, parce que là on aime Dieu. »

A cinq heures, Monsieur l'Aumônier vint donner à la chère mourante une dernière absolution et réciter les prières de la recommandation de l'âme. Les regards fixés sur ce visage chéri, sa sœur affligée, mais forte dans sa douleur, ses amies, ses compagnes navrées, suivaient anxieusement chaque léger souffle qui s'échappait de ses lèvres, lorsqu'un dernier soupir, doucement exhalé, leur révéla que cette âme pure venait de s'élancer dans le sein de Dieu. C'était un lis que l'Epoux céleste avait cueilli pour le ciel.

Cette mort si sainte arriva le 9 mai 1879. Sœur Marie Saint-François de Sales avait trente et un ans ; elle emporta les regrets et les éloges de tous ceux qui l'avaient connue (1).

Le lendemain, plusieurs jeunes filles vinrent sol-

---

(1) Le dimanche 18 mai, la *Semaine catholique* consacrait à sa mémoire un touchant article que nous aimons à retracer ici, l'appréciation de cette feuille étant la meilleure garantie de la nôtre :

« Le couvent de la Compassion, de Toulouse, a éprouvé une perte cruelle dans la personne de Sœur Marie Saint-François de Sales (Bathilde Donat).

« Sœur Donat avait dirigé dans notre ville une institution libre, assez florissante, et plus tard l'école communale de Merville. Aimable, intelligente, active, elle eût fait honorablement son chemin dans le monde ; mais il est des âmes divinement ambitieuses que le sacrifice charme et attire comme une passion ; celle-ci ne pouvait se donner à demi, ni se contenter de la terre, et la jeune institutrice recevait le voile, il y a deux ans à peine, des mains de Mgr l'Evêque de Versailles.

« Dans la cérémonie de sa profession, elle eut à choisir entre deux

liciter la faveur de placer sur son cercueil la fleur virginale qu'elle avait tant aimée, et elles accompagnaient au champ du repos ses restes précieux. C'étaient d'anciennes élèves qui tenaient à offrir cet hommage de reconnaissance à celle qui avait été pour elles un guide, une mère, un modèle.

Et maintenant qu'il ne nous reste à nous-mêmes de toute la félicité de notre affection que des souvenirs pleins de larmes, ne pleurons pas du moins comme ceux qui n'ont pas d'espérance. Les cœurs chrétiens se retrouveront dans ce séjour de délices que l'adieu ne saurait plus attrister ; mais, en attendant l'heure bénie de la réunion, les âmes remontées à Dieu se penchent souvent vers celles qui leur furent chères ici-bas, et leur amour, plus fort que la mort, défiant la matière et l'espace, consomme l'union dans l'essence divine. N'est-ce pas ce sentiment qui inspirait à saint Augustin, sur la tombe d'un de ses amis les plus chers, ces éloquentes paroles, écrites

couronnes : l'une de fleurs et l'autre d'épines, c'est la dernière qu'elle voulut. Dieu n'a pas manqué de s'en souvenir.

« Mais il sera fidèle aussi à donner dans le paradis, à sa servante, des couronnes autrement belles que celles dont ses anciennes élèves avaient couvert son cercueil, samedi dernier.

« Elle prie maintenant pour la chère maison où elle a si vite accompli l'œuvre de sa sainteté.

« Sœur Donat était un des meilleurs fruits de la pension Sainte-Angèle, qui en a produit de si bons. Lorsque la directrice encore jeune de cette école apprit que son élève n'était plus, elle répondit : « Cette nouvelle sera ma fin. » Trois jours après, Mlle Eulalie Soutadé était en effet appelée au ciel par cette chère âme, à qui elle en avait enseigné la route.

« Les desseins de Dieu sont pleins de mystères. Quand on les médite, il ne faut pas oublier que ses meilleures bénédictions se présentent en forme de croix. »

pour la consolation de toutes les amitiés brisées par le suprême départ : « Il vit au séjour bienheureux... il n'approche plus son oreille de ma bouche, mais il approche sa bouche de vous, mon Dieu, source de vie, et, heureux à jamais, il se désaltère à loisir, selon l'immensité de sa soif. Et toutefois, je n'ai pas peur qu'il s'enivre là jusqu'à m'oublier, puisqu'il vous boit, mon Dieu, vous qui ne m'oubliez jamais. »

L'INSTITUT

DE

Notre-Dame de la Compassion

(*Maison mère à Toulouse, rue Romiguières*).

Lorsque la fin de la grande Révolution rendit la paix à l'Église, plusieurs bons chrétiens, animés d'un esprit de réparation et de zèle, conçurent le dessein de former une association dans ce double but. Ils furent aidés et dirigés par M. l'abbé Garrigou, prêtre d'un rare mérite, dont la mémoire est encore en bénédiction. Aimant beaucoup à méditer lui-même sur la Passion, il leur proposa d'honorer d'une manière spéciale *Jésus couvert de plaies et couronné d'épines, en union avec Marie transpercée d'un glaive de douleur*. L'érection de cette association eut lieu à la basilique Saint-Sernin, devant la châsse de la *Sainte-Epine*, le 15 août 1804.

Quelques temps après, ils s'adjoignirent des *affiliés* de l'un et de l'autre sexe. M. l'abbé Garrigou donna à l'association le nom de *Confrérie de la Sainte-Epine;* elle existe encore pour les hommes et continue à faire du bien.

Quelques dames affiliées prièrent M. l'abbé Garrigou de leur permettre de former une association à part. Cela leur fut accordé, et elles prirent le nom de *Dames de la Compassion*. De là à former une congrégation religieuse il n'y avait qu'un pas; elles le franchirent plusieurs années après. Les premières mères firent leur profession, le 16 juillet 1818, sous le vocable de Notre-Dame de la Compassion.

De nombreux sujets vinrent bientôt augmenter la pieuse famille, de sorte qu'on put établir successivement un pensionnat pour les jeunes demoiselles, une école gratuite pour les enfants pauvres et un ouvroir.

Les règles furent approuvées par Mgr le cardinal de Clermont-Tonnerre, archevêque de Toulouse, le 24 février 1822, et l'État reconnut l'Institut, le 7 juin 1826.

En établissant cette congrégation de religieuses, M. l'abbé Garrigou se proposait d'assurer et de perpétuer l'œuvre des Dames affiliées qui, depuis lors, ont porté seules le titre de *Dames de la Compassion*. Elles ont eu et ont encore dans la maison des religieuses une salle réservée au *pansement des plaies*. C'est aussi dans une chapelle intérieure de l'établissement qu'elles se réunissent, tous les premiers vendredis du mois, avec les Sœurs de la Communauté, pour certains exercices de piété. Elles donnent, de concert avec les religieuses, leurs soins et des remèdes *gratuitement* à p[l]q[ue] de 3,000 pauvres. Elles sont à peu près a[u] nombre de soixante, soit membres hono[ra]raires, soit membres actifs. (*Notice de 187*[..])

Les religieuses de la Compassion o[nt] fondé, en outre de la maison de Toulou[se] (rue Romiguières), un couvent à Castelsa[r]razin et un autre à Marmande.

L'abbé Maurice Garrigou, de sainte m[é]moire, est mort à Toulouse, le 27 septemb[re] 1852, à l'âge de 86 ans.

Toulouse, imp. L. Hébrail et Delpuech.

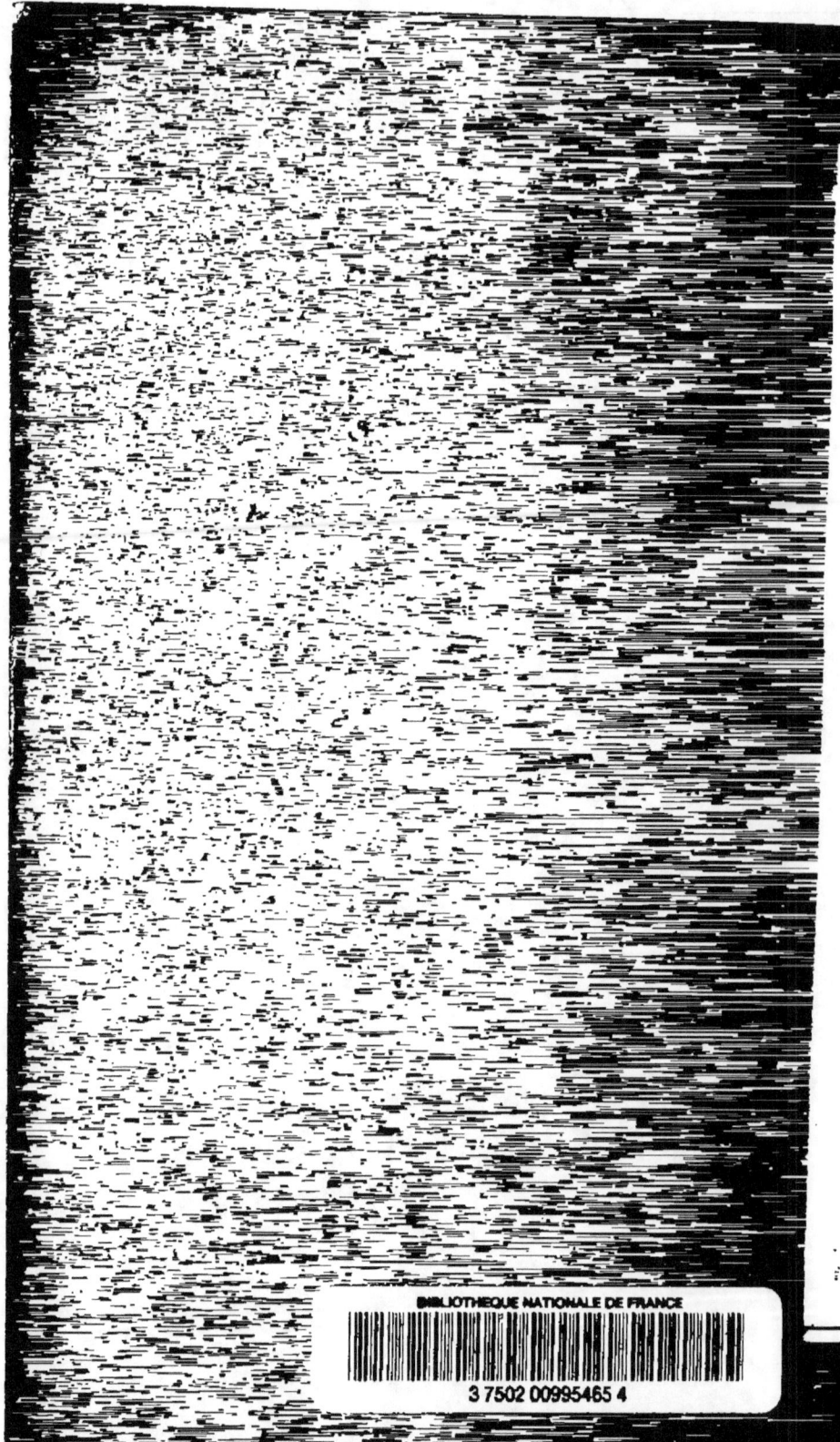

www.ingramcontent.com/pod-product-compliance
Lightning Source LLC
LaVergne TN
LVHW052100090426
835512LV00036B/2428

La pieuse institutrice : notice biographique sur la soeur Marie Saint-François de Sales, née Bathilde Donat,...

http://gallica.bnf.fr/ark:/12148/bpt6k6478626w

Ce livre est la reproduction fidèle d'une œuvre publiée avant 1920 et fait partie d'une collection de livres réimprimés à la demande éditée par Hachette Livre, dans le cadre d'un partenariat avec la Bibliothèque nationale de France, offrant l'opportunité d'accéder à des ouvrages anciens et souvent rares issus des fonds patrimoniaux de la BnF.

Les œuvres faisant partie de cette collection ont été numérisées par la BnF et sont présentes sur Gallica, sa bibliothèque numérique.

En entreprenant de redonner vie à ces ouvrages au travers d'une collection de livres réimprimés à la demande, nous leur donnons la possibilité de rencontrer un public élargi et participons à la transmission de connaissances et de savoirs parfois difficilement accessibles.

Nous avons cherché à concilier la reproduction fidèle d'un livre ancien à partir de sa version numérisée avec le souci d'un confort de lecture optimal.

Nous espérons que les ouvrages de cette nouvelle collection vous apporteront entière satisfaction.

Pour plus d'informations, rendez-vous sur www.hachettebnf.fr